Reise
durch das
Erzstift Salzburg
zum
Unterricht und Vergnügen.

von

L[orenz] H[übner]

SALZBURG ARCHIV
Bibliophile Reihe

Nr. 1

Nachdruck der Ausgabe
Salzburg 1796

Die Deutsche Bibliothek – CIP-Einheitsaufnahme

Reise durch das Erzstift Salzburg zum Unterricht und Vergnügen /
von L[orenz] H[übner]. – Jubiläumsausg. zum zwanzigjährigen
Bestand des Vereins „Freunde der Salzburger Geschichte". –
Salzburg : Verein „Freunde der Salzburger Geschichte", 2000
(Salzburg-Archiv : Bibliophile Reihe ; Bd. 1)
ISBN 3-9500712-4-5

© 2000 Verein „Freunde der Salzburger Geschichte"
Im Eigenverlag des Vereines
A-5020 Salzburg, Hans-Webersdorfer-Straße 9
Postanschrift: A-5026 Salzburg, Postfach 1
Tel. und Fax: +43/(0)662 / 62 15 99
E-mail: freunde@salzburger-geschichte.at
Druck: Neumarkter Druckerei

ISBN 3-9500712-4-5

Dieses Buch wurde als Jubiläumsausgabe
zum zwanzigjährigen Bestand des Vereines
„Freunde der Salzburger Geschichte"
in einer einmaligen Auflage
von 1300 Exemplaren hergestellt.

Dieses Exemplar trägt die Nummer

1233

Salzburg 2000

Reise

durch das

Erzstift Salzburg

zum

Unterricht und Vergnügen.

———

von

L. H.

Nebst Stundenzeiger und Straßenkarte.

———

1796.

Im Verlage des Verfassers der Beschreibungen
der Hauptstadt und des Erzstiftes.

Inhalt.

	Seite
Allgemeine Ueberficht des Erzftiftes	1.
Verfchiedene Abfichten das Erzftift zu bereifen	6.
Die befte Zeit und Weife das Erzftift zu bereifen	16.
Dauer und Koften einer Reife durch das Erzftift	22.
Landkarten, Zeichnungen, Befchreibungen	25.
Der Wegweifer durch das flache Land	30.
Der Wegweifer durch das Gebirgland	46.
Verzeichnifs der Haupt- und Landftrafsen durch das Erzftift	64.

Allgemeine Ueberficht des Erzftiftes.

Das Erzftift Salzburg gehört in die Zahl derjenigen Erdftriche, welche wegen der Ungleichheit ihres Bodens, der Mannigfaltigkeit und Seltenheit ihrer Erzeugniffe, der Schönheit, oder Schauerlichkeit ihrer Lagen und Anfichten, und überhaupt des Aufserordentlichen ihrer Naturerfcheinungen für den Geologen und Naturforscher fowohl, als den Menfchenbeobachter gleich wichtig find. In mancherlei Hinfichten kommt es der von fo vielen Reifebefchreibern hochgepriefenen *Schweitz* unter

ter den bekannten Ländern des nördlichen Europas am Nächsten; ja einige neuere Reisebeschreiber, welche das Erzstift mit beobachtendem Auge durchwandert haben, und unter diesen der berühmte Naturbeschreiber *Schrank* (in seinen *Primitiis Florae Salisburgensis* pag. VII.) behaupten sogar, dafs das Erzstift der Schweitz an dem örtlichen Charakter, an Naturschätzen und Seltenheiten das Gleichgewicht halte. Letzterer sagt in der angeführten Schrift: „Was man von der Höhe der Schweitzer Gebirge, von den unendlichen Beschwerlichkeiten sie zu besteigen, von den unermefslichen, ewig unaufthaulichen Eisfeldern, von den unzählbaren Gefahren, die man von den ungeheuren Schnee- Sand- und Steinmassen (dort *Lauinen* genannt) welche von den steilsten Gebirganhöhen auf die Vorüberwandernden herabstürzen, und wovon die Reisenden so vieles Schreckliche zu erzählen wissen, zu beschreiben nicht müde wird, beinahe alles das gilt auch von der Salzburgischen Gebirgkette, so dafs die so oft besungenen Wunderwerke

der

der Schweitz vor jenen des Erzstiftes nichts voraus haben. Und wenn die Spitze des aus Sauffüres letzten Reisen berühmten *Weisberges* (Montblanc) in Savoien bis auf unsere Zeiten noch von keinem menschlichen Fusstritte betreten worden ist; so haben ja auch die Gipfel des *Klockners*, und *Ortels*, zweier Berge des benachbarten Tirols, ja selbst der aus dem Salzburg. Zillerthale emporsteigende *Greiner*, ein zwar niedrigerer, aber durch seine Turmaline berühmter Berg, noch immer den Bemühungen aller Bergbesteiger getrotzet. Hier stürzen die prächtigsten Wasserfälle aus den höchsten Bergritzen von Felsen zu Felsen herab, erfüllen die Luft weit umher mit dem Geräusche ihrer schäumenden Fluthen, oder werden während ihres hohen Herabstürzens in Dünste aufgelöset, womit sie die ganze Gegend umher bethauen. Hier sind enge, schauerliche Hohlwege zwischen himmelanstrebende, steile Gebirge eingeklemmt, und durch wild herabrauschende Bergwässer fürchterlich gemacht; Gegenden, die man mehr von Gespenstern, als von Menschen bewohnt glauben möchte; welche aber die Gebirgbewohner ohne Scheu und Furcht durchwallen. Hier zwischen diesen Bergklüften wohnt noch ein Kern von Menschengeschlecht, stark und nervicht; Menschen, welche unglaublich schwerer Arbeit gewachsen sind, und zweihundert Pfund über steile Gebirge, und herab ins Thal auf Händen und Schultern mit weniger Mühe tragen, als ein anderer 30 Pfund auf flachem Boden wälzt". Diese Beschreibung wird gewiſs jeder aufmerkſame Beobachter gern unterzeichnen, welcher die erzſtiftiſchen Gebirge nicht etwa zum Vergnügen allein durchflogen; sondern zu seinem Unterrichte mit Mühe, und bei guter Muſse durchwandert hat. Jedes Reich der Natur hat hier ſeine Schätze, und jeder Zweig der Naturkunde ſeine Phänomene. Das Buch der Natur liegt hier vor aller Welt Augen aufgeſchlagen da, und wer Sinn genug hat darin zu blättern, wird reichen Stoff zum Nachdenken finden. Selbſt der *Sittenforscher* wird hier eine Mannichfaltigkeit gewahr werden, wel-

welche nirgends auf einer so kleinen Erdfläche unserer bewohnten Erde so nahe beisammen angetroffen wird. Der *Gefühlvolle* — für Naturschönheiten, für bezaubernde Ansichten und Lagen, für das bescheidene Blümchen im Thale, wie für das Prächtig-Fürchterliche in der Region der Wolken, die steilen kahlen Gebirgmassen, von welchen der Flachländer keinen Begriff hat — sieht hier jeden geheimen Wunsch seines Herzens befriediget. Wer in gewissen Gegenden des erzstiftischen Gebirges seines Lebens nicht froh werden kann; wen das heitere, bunte Helldunkel seiner zauberischen Landschaften nicht in die sanftesten Gefühle dahin schmelzen macht; wer, ohne sein Herz von unnennbarem Wohl und Weh gepreßt zu empfinden, die vergoldeten Berggipfel von der aufgehenden Sonne wiederstrahlen, und die stolz emporstrebenden Tannenwipfel sich in der niedergehenden Sonne röthen sehen kann; der bereise dieses schöne Land nicht; er wird undankbar gegen die kostbarsten Geschenke der Schöpfung, und ungerührt von den Meisterstücken

ihres

ihres ewig unerreichbaren Pinfels zurückkehren in den Schos der lärmenden Städtefreuden, bey denen er gedankenlos vegetiren, und fich, ohne das Bedürfniss reinerer Empfindungen, wie ein Reifekoffer, durch die Welt schaukeln laffen kann.

Verfchiedene Abfichten das Erzftift zu bereifen.

Es ift hier nicht von folchen Reifenden die Rede, welche, wie die Störche in Leffings Fabeln, fich überall um nichts weiter, als um wohlbefetzte Frofchgräben bekümmern. Diefen Menfchen ift eine Reife nach Hollands unermefslichen Pfützen zu rathen, oder eine Luftfahrt nach Venedig, um fich an frifchen Auftern zu laben. Eine Reife um die Welt ohne vernünftigen Endzweck ift weniger werth, als eine Stunde mit lehrreicher Lectüre hinterm Ofen zugebracht. Die Gänfe ziehen übers Meer, und kommen zurück als — Gänfe.

Man kann das Erzſtift in vielerlei Abſichten bereiſen, als *Geologe*, *Naturforſcher*, *Staats*- und *Landwirth*, *Fabrikant*, *Naturhiſtoriker* und *Menſchenbeobachter*; ſelbſt auf *hypochondriſche Kranke* kann eine Reiſe durch das erzſtiftiſche Gebirgland einen ſehr wohlthätigen Einfluſs haben.

Der *Geologe* findet ſowohl in dem flachen, als Gebirglande des Erzſtiftes Befriedigung ſeiner Neugierde. Das flache Land iſt mit vielen Seen, Teichen, Flüſſen, Wildbächen, Quellen, Moorgründen durchſchnitten, welche zwiſchen den bunten Teppichen der Flora, und den abwechſelnden, kleineren und gröſseren Waldungen, womit das Erzſtift allenthalben ſehr geſegnet iſt, dem Auge, das ſie von einer mäſsigen Anhöhe betrachtet, die angenehmſte Farbenmiſchung darſtellen. Die Mannigfaltigkeit der Naturſcenen im Gebirglande geht über alle Beſchreibung. Die ſchroffſten, ſteilſten, kahlſten Kalkgebirge, deren eine groſse Menge aus ſchönen Marmorarten beſteht, wech-

wechseln mit ungeheuern Granitblöcken, oder mit fruchtbaren bis an die Gipfel bewachsenen Vorgebirgen von Kalkbreccia, Mergel, oder Tophstein ab. Gesegnete, lachende Thäler, von Quellen und Bächen durchschlängelt; Aussichten auf meilenweite Fernen von den Spitzen der hohen Gebirge, oder in unübersehbare Niederungen von blühenden Anhöhen, deren Ruheplätze mit Immergrün und Epheu weichgepolstert sind; sanfte, flatternde Silberstreifen über Felsenzacken herabplätschernd, und schäumende, durch die Luft stäubende Katarakten; ewige Eisfelder, und mit unermesslichen Abgründen unterbrochene Gletscher; friedliche Sennhütten, und unwirthbare Felsgrotten; fürchterlich erbrausende Waldströhme und kühlende, kristallklare Quellen; die herrlichsten Gruppirungen von Schlössern, Berghütten und kleinen Försten, nebst von der Natur ungekünstelt geschaffenen tausenderlei Terrassen, Plattformen, und Treillagen — sind überall anzutreffen: überall ist des Interessanten für Aug und Ohr, des Ueberraschenden, des

Gro-

Grofsen und Aufserordentlichen eine Menge vorhanden.

Der *Phyſiker* findet nicht minder reichen Stoff zur Belehrung. Es iſt unmöglich, gründliche meterologiſche Kenntniſſe ſich eigen zu machen, wenn man niemahls ein Gebirgland bereiſet hat. Die plötzlich abwechſelnde Kälte und Wärme in Gebirggegenden; die unter den Gipfeln der hohen Berge, gleich einem undurchſichtbaren Gürtel, ſchwebenden Wolken; der auf den nahen Gebirgen in Mitte des Sommers friſch gefallene Schnee, während es im Thale regnet; die plötzlichen Ausbrüche der Bergſtröhme aus gewaltſam durchbrochenen Felſenwänden, und das eben ſo plötzliche Verſiegen der Bergwäſſer bei trockner Witterung; die ſchnell erfolgenden Ueberſtröhmungen ungeheurer Erdſtrecken bei ungewöhnlich anhaltenden Regengüſſen; die Schneelähnen, und Steingeſchiebe; die gräulichen Abſtürze ganzer Fluren, und Erdſtrecken von Bergabhängen (Abplaickungen); kalte te und warme Gesundbäder — und unzählige andere Naturerscheinungen, von denen man anderswo wenig, oder gar nichts erfährt, geben hier dem beobachtenden Naturforscher Materialien genug an die Hand, seine physikalischen Kenntnisse zu erweitern, und mit neuen Entdeckungen zu bereichern.

Für den *Naturhistoriker* ist die Ausbeute bei Weitem am Ergiebigsten. Hierüber ist unter den Kennern, welche dieses Land seit einiger Zeit häufiger als jemahls zu besuchen pflegen, nur *eine* Stimme. In dem *Mineralreiche* zählt man nur wenige Produkte, in deren Besitze sich das Erzstift nicht befände. Es besitzt beinahe alle Gattungen *Erden* und *Steine*, reinere und gemischte aus Kalkerde, Bittersalzerde, Alaunerde, Kieselerde; eine Menge Salzarten, Erdharze; alle ganze und sogenannte halbe Metalle, vielleicht die einzige Platina ausgenommen. Das *Pflanzenreich* ist nicht minder sehr gesegnet. Ausser den Schätzen der Botanik, welche in den *Primitiis Florae*

Florae Salisburgensis aufgezählet werden, enthält es beinahe alle Getreidarten, Garten- und Baumgewächse, eine Menge der heilsamsten Kräuter und Wurzeln, z. B. Enzian, Speik, Süsholz, die vorzüglichsten Holzarten, und einen Ueberfluſs von Schwämmen. Die Produkte *des Thierreiches* sind nicht minder zahlreich und mannichfaltig. *Einheimische* und *wilde* Thiere, welche hier und da in Europa zu Hause sind, einheimisches und wildes Geflügel (letzteres in ausserordentlicher Menge); Fische von der besten Gattung, unzählige Insekten und Gewürme versprechen überall die reichste Aernte für ein Animalien-Cabinet.

Der *Landwirth* findet allenthalben Gelegenheit seine Kenntnisse zu bereichern. Die Pferdezucht auf dem Lande, die verschiedenartige Anbauung der Felder zu Ehegärten, und Tratten; die sehr ansehnliche Rindviehzucht in dem Gebirglande; die Alpenwirthschaft; die Käsereien auf den Alpen; die hier und da gewöhnliche Methode, Schweine, Pferde, de, Stiere etc. zu kaftriren; das Düngen mit Afche durch Verbrennung der Gefträuche; das fehr ubliche Reifbrennen; das mühevolle Anbauen der Aecker und Felder auf Bergrücken; die überall verbefferte Waldkultur, und mehr dergleichen Gegenftände werden ihn eben fo nützlich befchäftigen, als den *Staatswirth*, oder *Kammeraliften* die Salzburgifchen vielen Bergbaue, Schmelzhütten, Hammerwerke, Hochöfen, Blaöfen, Gufswerke, Mettalfabriken, die Salzfiederei zu Hallein, und der inländifche Produktenhandel. Alle diefe Zweige der Land - fowohl als Staatswirthfchaft find in der *Befchreibung des Erzftiftes* ausführlich befchrieben, und können dort nachgelefen werden.

Derjenige, dem der *Menfch* Alles in Allem ift, der *Menfchenbeobachter* ftöfst hier überall auf Gegenftände, welche feine Aufmerkfamkeit verdienen; eine Regierung mild und fanft (wie wenige ihrer hierarchifch - politifchen Schweftern) unter dem Schatten eines *weife* herrfchenfchenden Krummſtabes; ein Menſchenvolk gelehriger, offener und unbefangener, als viele in geiſtlichen Wahlſtaaten; eine beſcheidene Freimüthigkeit; Chriſten mehr religiös, und fromm, als andächtig und kopfhängeriſch; im *Gebirglande* eine in einer Entfernung von wenigen Meilen unverkennbare Verſchiedenheit des Volkscharakters, z. B. des Lungauers von dem Pinzgauer, dieſes von dem Zillerthaler u. ſ. f.; eine Menge auffallender Gebräuche, Sitten, und Spiele; ungewöhnliche Kleidertrachten; eine Art von Kretinen in den abgelegeneren Gebirgthälern; einen frappanten Unterſchied in Nahrung und Kleidern unter ganz nahe gelegenen Gemeinden, nicht ſelten ſogar des nämlichen Kirchſpieles, und mehr dergleichen Seltenheiten, welche die Aufmerkſamkeit des Denkers über Einfluſs des Climas, der Regierungsart, der Nahrung, und ſelbſt des gemeinſchaftlichen Erdbodens in einem hohen Grade beſchäftigen können.

End-

Endlich walle selbst der *Hypochondrische*, von Lebensüberdrusse gequälte *Seelenkranke* hierher, und geniese der tausendfältigen, bezaubernden Ansichten, an welchen das Erzstift einen Ueberfluss hat. Britten, welche mit dem hartnäckigsten Spleen behaftet dieses Land, vorzüglich dessen Gebirggegenden bereiseten, sind schon oft geheilt in ihre vom Kohlendampfe verdüsterte Heimath zurückgekehrt. Die Fussreisen durch das Salzburgische Gebirge, bey guter trockner Witterung, sind ein wahres diätetisches Herstellungsmittel, besonders für Leidende, welche von Krankheiten des Unterleibes geplagt werden. Die reinere Luft, welche in den höheren Gebirggegenden immer elastischer wird, immer der unverdorbeneren Lebensluft mehr sich annähert, je leichter sie wird, muss diese nicht die wohlthätigste Veränderung in den Werkzeugen des Athmens, im ganzen Körperbaue hervorbringen? Die frischen, kristallhellen Quellen, die Wohlgerüche der köstlichen Alpenpflanzen, die einfache Hirtenkost in den Berghütten, frische Milch, Sahne,

Sahne, Molken, Butter, fette Käfe — —
die Seelenruhe bei den ungekünftelten Schallmeien der Hirten und dem frohen Geblöcke der
Rinder, von keinem neidifchen Auflaurer, keinem ftörrifchen Murrkopfe, keinem tändelnden
Städte-Pavian getrübt — o — wen diefe Kur
nicht zu heilen vermag, der ift bereits zu
fiech, um eine längere Lebensfrift zu geniefsen; *auch der* grabe fich hier fein Grab, um
wenigftens unter befferen Menfchen zu modern.

Nervenfchwache, mit Krankheiten des Unterleibes behaftete, gelähmte, oder fonft fchadhafte *Kranke* ohne Zahl haben den Heilungskräften des berühmten *Gafteiner Wildbades*,
das heifs aus der Erde quillt, und eines der
vorzüglichften erweichenden, auflöfenden,
und ftärkenden Heilungsmittel ift, ihre Wiederherftellung zu verdanken gehabt, fo dafs
es nicht nöthig ift, hier davon eines Breiteren zu erwähnen.

Ueberhaupt ist das Erzstift für beinahe alle Arten von Reisenden merkwürdig, und keine Klasse derselben wird es unbelohnt verlassen.

Die beste Zeit und Weise das Erzstift zu bereisen.

Die eigentliche Bestimmung der Zeit, die Reise durch das Erzstift anzutreten, hängt von den Absichten der Reisenden ab. Für den *Menschenbeobachter* ist im Allgemeinen die Verschiedenheit der Witterung, und Jahreszeit von keiner grofsen Bedeutung. Allein anders ist das im flachen, anders im Gebirglande; durch letzteres kann er nicht anders, als bei gutem Wege kommen, und zu gewissen Jahreszeiten werden ihm Excursionen in abgelegene Thäler, und Einöden, vielfältig die belehrendsten Erdstriche für seinen forschenden Geist, vollends unmöglich. Für *Naturhistoriker*, *Physiker*, *Staats- und Landwirthe*, und *Geologen* ist zwar das flache Land zu jeder Zeit, das
Ge-

Gebirgland aber nur zu gewiſſen Zeiten bereisbar. Der Naturhiſtoriker dürfte vielleicht, ſo wie der Landwirth, auch bei ſchlechter Witterung gezwungen werden, erſterer gewiſſer nur an beſtimmten Jahreszeiten möglicher Sammlungen, und der zweite gewiſſer nur in dieſer oder jener Jahresfriſt vorfallender Geſchäffte wegen ihre Wanderungen anzutreten. Allein in den gewöhnlichen Fällen dürften jenem ſowohl als dieſem gute, heitere Witterung, und eine milde Jahreszeit, in denen der Zutritt zu allen Schätzen der Natur, und des Kunſtfleiſses aufgeſchloſſen, oder bequemlicher gebahnt iſt, wünſchenswerther ſein. Diejenigen, welche das flache Land zu bereiſen, und vorzüglich die Naturſchönheiten und Merkwürdigkeiten der Hauptſtadt zu beſehen gedenken, könnten von Mitte Aprils an bis halben Junius unbeſorgt hierher kommen; denn in dieſer Jahreszeit genieſst man hier gewöhnlich gute, dauernde, nur kurz unterbrochene Witterung. Früher iſt die Luft noch zu rauh, die Witterung zu ungeſtümm, die Tageslänge

länge zu unbeträchtlich, und die Erde nirgends ganz aufgeschlossen. Später fallen insgemein viele Regengüsse, und unfreundliche Witterung, mit drückender Hitze, und nassen Frösten abwechselnd, macht jede Lustwanderung unangenehm. Die beständigste Witterung fällt aber, wie in der Schweitz, und den meisten Gebirggegenden, in die Monathe August (gegen Ende), September, October, bis in die Hälfte des Novembers. Bei Menschengedenken sind die Herbsttage nur höchst selten getrübt; nur wenige dieser Tage erfährt der hiesige Einwohner in seinem Leben, die er nicht unter die angenehmsten Lebenszeiten zählen kann. Zu hohen Gebirgreisen sind aber die Tage des Junius beinahe durchgehends die bequemsten und fröhlichsten. Im Julius fällt in einigen derselben schon vielfältig so hoher Schnee, dafs man ihnen ohne die gröfste Beschwerlichkeit nicht beikommen kann. Später wird die Besteigung der höheren Gegenden gar unmöglich.

Durch

Durch das *flache* Land des Erzſtiftes kann man zum Theile auf der Salza zu Schiffe, nämlich nach *Laufen*, *Tittmoningen*; zum Theile auf dem Reichspoſtwagen nach *Waging*, oder an letzteren Ort, ſo wie nach *Laufen*, und *Tittmoningen*, mit der fahrenden Poſt kommen. Mit dem Lungauer Poſtwagen und der fahrenden Poſt kann man auch nach *Hallein*, *Kuchl*, *Golling*, *Werfen*, und dann weiter durch das *Pangau* über *Radſtadt* nach *Steiermark*, und durch das *Lungau* über *Tamsweg* nach *Steiermark* und *Kärnthen*, endlich über St. Michael ebenfalls nach Kärnthen kommen. Der kaiſerliche oder Wiener Poſtwagen, nebſt der gewöhnlichen fahrenden Poſt, führt über *Henndorf*, *Neumarkt* und *Straſswalchen* nach *Oberöſterreich* und der Tiroliſche Poſtwagen, welcher alle 8 Tage mit dem Wiener abwechſelt, führt nebſt den gewöhnlichen Poſtfuhren über *Reichenhall* und *Lofer* nach *Weidering* ins *Tirol*. Sonſt überall hin muſs man ſich der Lohngefährte bedienen, welche für Reiſende, denen es um Sehenswürdigwürdigkeiten zu thun ist, im Allgemeinen vor den schnell vorüber eilenden Postgefährten zu empfehlen sind. Man findet durch das flache, wie das Gebirgland, überall Landstraſsen von verschiedener Güte, besonders, wenn man keine beschwerlichen, oder steilen Seitenwege zu nehmen hat. In letzterem Falle ist es gut, die Lohngefährte in einem der zunächst gelegenen Hauptorte, z. B. einer Stadt, oder einem Markte zurückzulassen, und bei Streifereien bis zur Zurückkunft sich eines Reitpferdes, oder seiner eigenen Füſse zu bedienen. Besonders wird dieses letzere in den abgelegenen Seitenthälern der Gebirggegenden, oder wenn Berge zu besteigen sind, sogar zur Nothwendigkeit. Man vergesse in letzterem Falle nicht, sich einen starken, mit einem Eisenstifte versehenen Bergstecken zu verschaffen, und die Füſse mit dauerhaften dickbesohlten Schuhen, die wohl auch mit Nägeln beschlagen sein können, oder dergleichen Stiefelchen zu bewaffnen. Wider alle Ungemache der Witterung wird ein Mäntelchen

von

von Wachsleinwand nebst langen Ueberhosen, und einem kurzen Jäckchen gute Dienste leisten. Zum Besteigen der Felsabhänge, und Gletscher bedient man sich auch einer Art von Hacken, die über den Schuhen oder Stiefelchen mittelst lederner Riemen festgeschnallt werden. Wider die Hitze dient ein breiter Strohhut, oder eine Art von Sonnenschirm, den man nebst einigen Hemden, und der sonst benöthigten Wäsche dem Führer mitzutragen gibt. Wider die Gefahr des schnellen Erkältens rathen Aerzte den Gebrauch eines feinen Brusttuches von Flanel, das man über die blosse Haut anzieht, und immer am Leibe behält. Ueberhaupt kann man sich immer bei den benachbarten Berganwohnern zuvor erkundigen, was man auf der bevorstehenden Reise etwa nöthig haben möchte, sowohl von Lebensmitteln, als anderen Reisebedürfnissen. Wider das Brennen der Fusssohlen hilft ein minutenlanges durchnetzen derselben in kühlen Quellen oder Bächen, wider Blasen an den Füssen ein mit einer Nähnadel durch dieselben gezogener
dünner

dünner Faden, und wider grofse Müdigkeit ein
laues Fufsbad, oder das Waschen mit Wein
oder Branntewein. Haftiges Bergansteigen
ermüdet zu bald; man gehe also nur immer
Anfangs sehr langsam hinan, bis allmählig der
Körper jener stärkeren Muskelnbewegung ge-
wohnt wird. Sonst geräth man in Gefahr,
nur zu bald an der Vollendung einer längeren
Bergreise zu verzweifeln. Ueberhaupt folge
man hierin dem Rathe seiner Führer, und er-
fahrner Bergleute, die man überall antrifft,
und deren zuvorkommende Gefälligkeit jedem
Reisenden gut zu Statten kommt.

Dauer und Kosten einer Reise durch das Erzstift.

Die Dauer einer Reise durch das ganze Erzstift, wenn man beständig heiteres Wetter
geniefsen könnte, wäre gewifs nicht viel über
4 Monathe. Da aber diese gröfsten Theils von
den Absichten der Reise selbst abhängt, und
man selten über 3 oder 4 Wochen anhaltend
schönes

schönes Wetter zu hoffen hat, so kann hierüber nichts eigentlich bestimmet werden. Bei Weitem die kürzeste Zeit des Aufenthalts erfordert das flache Land, wo aufser der Hauptstadt und einigen Berg- und Hammerwerken wenige Sehenswürdigkeiten für solche Reisende sind, welche mit dem benachbarten Baiern und Oesterreich ohnehin bekannt sind. Das Gebirgland hat derselben mehrere, und wichtigere, und darf also auch weniger schnell durchwandert werden. Hierzu kommt noch die Veränderlichkeit der Witterung, welche nicht selten so sehr hinderlich ist, dafs man, um gewissen Seitenthälern und Berghöhen beizukommen, in den benachbarten Ortschaften stille liegen mufs, bis die Luft heiterer und milder wird. Das *Pangau* fordert eine kürzere, das *Lungau* eine längere, das *Pinzgau* aber die längste Zeit des Aufenthalts, um überall Gegenden und Merkwürdigkeiten in Augenschein zu nehmen. Das Zillerthal, und die Windischmatrei nebst ihren Seitenthälern können füglich nur, ersteres in einer ganzen, letzteres

in

in einer halben Monathsfrist durchreiset werden. Da viele dieser Reisen gröfstentheils, wenn sie belehrend sein sollen, nur zu Fusse gemacht werden können, so wird man die Dauer derselben ohnehin nur nach seinen körperlichen Umständen bemessen können.

Die *Kosten* sind in keinem Betrachte sehr grofs, ausgenommen, man wollte Führer, Begleiter, und Werkleute, deren Dienste man zu Vorzeigungen und Erklärungen nöthig hat, sehr grofsmüthig belohnen. Ueberall ist wohlfeil zu leben; in vielen Orten ist aber Kärglichkeit sogar nothwendig, weil man nicht überall alles Kostbare haben kann. Gute Fische, und nahrhafte Fleisch- und Mehlspeisen trifft man beinahe allenthalben an; besonders gutes Brod, und wohlfeile Käse. Die Weine sind auf dem Lande nur von wenigen Gattungen, und an den meisten Orten eben nicht die leckerhaftesten anzutreffen. Die landesfürstlichen Bräuhäuser versehen das ganze Land mit gutem Biere, dessen Preis überall der nämliche ist.

Wer

Wer die hochfürstlichen Berg- und Hammerwerke bereisen will, der versehe sich in der Hauptstadt mit Empfehlungsschreiben an die hochfürstlichen Pfleg- und Bergbeamten, womit man, so viel sichs thun läfst, gern willfahren wird. Er wird dann überall gefällige Anleitung zur theilweisen Bereisung, und gute Aufnahme finden; auch an sicheren und verständigen Führern wird es ihm nicht gebrechen, welche ihn auf jede örtliche Sehenswürdigkeit aufmerksam machen werden.

Landkarten, Zeichnungen, Beschreibungen.

Von dem Erzstifte ist nur eine einzige gute, obgleich nichts weniger als genaue Karte vorhanden, und diese ist von P. Otto von Gutrath, Benedictiner von Michaelbeuern, unter der Regierung des Erzbischofes Franz Anton (Fürsten von Harrach) verfafset und von Homann in Nürnberg herausgegeben, welche

welche das ganze Erzſtift nebſt einem groſsen Theile der allenthalben angränzenden Lande enthält. Aus dieſer ſind die bei Lotter und Seutter geſtochenen auch vermuthlich einige neuere Nachſtiche entſtanden; denn ſie enthalten alle genau dieſelben Fehler, welche jenes Original mit ſich führt. Einige davon, *Berchtesgaden* betreffend, hat Hr. Schrank in den Naturhiſtoriſchen Briefen, I. B. S. 281, berichtiget. In wie weit dieſe Karten aber alle einander gleich ſind, kann man ſich einer wie der anderen bedienen. Vorzüglich iſt die Lage des Erzſtiftes gegen die benachbarten Staaten und überhaupt ſeine ganze geographiſche Geſtalt ſehr richtig angegeben.

Specialkarten von irgend einem beſonderen Theile des Erzſtiftes ſind keine öffentlich bekannt gemachten oder geſtochenen vorhanden, ob man gleich einige derſelben in Cabineten und Archiven finden dürfte. Von *Lungau* iſt eine Art von *Sterne* in den Händen ſehr vieler Inländer

länder, wodurch die Lage der Oerter und Thäler gegen einander einiger Maſsen kenntlich gemacht werden ſoll. Allein die witzelnde Phantaſie hat mehr Antheil daran, als die Wahrheit.

Der *Zeichnungen* einzelner Sehenswürdigkeiten des Landes gibt es mehrere. Merian enthält in ſeiner *Topographia Bavariae* die Städte *Salzburg*, *Mülldorf*, *Tittmoningen* und den hochf. Luſtort *Hellebrunn* in Kupfer geſtochen. In *Keyſslers neueſten Reiſen* I. B. iſt der Paſs *Lueg*, und in Bernouilles Reiſebeſchreib. 13tem B. das *neue* oder *Sigismunds-Thor* der Hauptſtadt abgezeichnet. Von *Danreitter*, einem gebohrnen Salzburger und hochfürſtl. Garten-Inſpector hat man einige und 50 Proſpecte von Kirchen und Gebäuden in und bei der Hauptſtadt in ſchönen Kupferſtichen. Die merkwürdigſten Proſpecte des Landes nebſt perſpectiviſchen Abbildungen der Städte Salzburg, Hallein, Laufen etc. in ſchwarzen, oder illuminirten Kupfer-Abdrücken beſitzen wir ſeit einigen

nigen Jahren von dem jüngstverstorbenen hochf. Cabinets-Zeichenmeister und Ingenieur-Lieutenant Fr. von Naumann. Einige der vornehmsten Salzburgischen Ansichten hat auch ein gewisser Kupferstecher von Augsburg, *Fritz*, geliefert, nachdem er sie hier an Ort und Stelle aufgezeichnet hatte. Eine ichnographische Karte der Hauptstadt im Grundrisse befindet sich bei L. *Hübners Beschreibung der Hauptstadt Salzburg* I. B. Einzelne Zeichnungen von Gärten, Schlössern, Hofmarken, Gebäuden, etc. befinden sich dort und da zerstreut; doch sind keine vollständigen Sammlungen davon vorhanden.

Wer sich zu einer Reise durch das Erzstift seinen Absichten gemäs vorbereiten, oder auch, wenn dieses nicht geschehen konnte, während seiner Reise angenehm unterhalten will, dem sind folgende Schriften zu empfehlen:

Naturhistorische Briefe über Oesterreich, Salzburg, Passau und Berchtesgaden von
Fr.

Fr. v. P. Schrank, und *K. E. R. von Moll*,
zwei Bände. *Salzburg bei Maiers Erben.*
1785. 8.

Reise durch die Norischen Alpen, physikalischen und anderen Inhalts, unternommen
in den Jahren 1784 bis 1786 von *Hacquet*.
II. Theile. Nürnberg in der Raspischen
Buchhandlung. 1791. 8.

Beschreibung der Hauptstadt Salzburg, von
L. *Hübner*. 1793. II Bände. Im Verlage
des Verfassers. Hiervon ist auch der *Auszug* in *einem* Bande in 8. 1795. in der Mairischen Buchhandlung zu haben.

Beschreibung des Erzstiftes Salzburg, von
L. *Hübner*. III Bändchen. 1795. in 8.
Zu haben bei dem Verfasser.

Bedarf der Reisende noch einiger anderen
Belehrungen, so kann er im III. Bändchen der
Beschreibung des Erzstiftes, in der daselbst einge-

gerückten inländischen Bibliothek nachsuchen, und sich die benöthigten Schriften auszeichnen.

Der Wegweiser

a) *Durch das flache Land.*

Wer entweder zu seinem Vergnügen, oder zu seiner Belehrung das Erzstift zu bereisen gedenket, dem rathen wir vor Allem zuerst nach der Hauptstadt zu kommen, um sich daselbst die nöthigen Erkundigungen, Hülfsmittel, Anweisungen, und, wenn es nöthig ist, auch Empfehlungen zu verschaffen. Unter einer Regierung, wie die gegenwärtige ist, und von der bekannten Gefälligkeit der hochfürstl. Ober- und Unterbeamten kann man sich überall die freundlichste Aufnahme, und Belehrung versprechen.

Nach einmahl gewähltem Reiseplane kann man sich des folgenden Wegweisers durch das *flache Land* bedienen.

1) Se-

1) **Sehenswürdigkeiten in der Nähe der Hauptstadt** *) **auf kleinen Streifereien.**

a) *Hellebrunn* 3/4 Stunden entfernt. Man fährt oder geht durch das St. Michaels-Thor, an dem Gestade der Salza, oder durch die Kaie der Stadt, und das Cajetaner-Thor auf der Fürstenstraße, an St. Joseph vorbei, dann nach einer kleinen Krümmung unmittelbar durch eine lange Allee von Linden in gerader Linie dahin; kommt von Zeit zu Zeit vor beiderseits gereiheten kleinen Schlössern oder Sommergebäuden vorbei; und dann unmittelbar in den schönen Bezirk des hochfürstl. Schlosses *Hellebrunn*. Eine daselbst befindliche Wirthstaferne dient zu Erfrischungen. Man läst den Brunnenmeister rufen, und wird dann überall hingeführt, wo Merkwürdigkeiten zu sehen sind; diese bestehen in Wasserkünsten, Grotten, einem Fasangärtchen, einer kleinen Menagerie etc.

---

*) Die Sehenswürdigkeiten in der Hauptstadt selbst stehen unten auf einem besonderen Blatte.

Unweit davon ist das ehemahlige Montfortische, nun aber hochfürstl. Lust- und Jagdgebäude, der *Golser Hof*, nebst seinen verschiedenen Anlagen. Auf der Rückreise kann man den Weg durch die Barriere nach der Land- und Poststraße nehmen, und dann nach einer angenehmen Strecke durch die kleinen Orte Morzg und Klein-Gemein die hochfürstl. *Gestütterei* im äußeren Nonnthale besehen; endlich durch die Vorstadt *Nonnthal* in den Gasthof zurückkehren.

b) Die *Leopoldskrone*, eine kleine halbe Stunde von der Stadt entfernt. Dieses *Graf-Firmianische* Lustschloß enthält eine artige Gemähldesammlung, welche in der Hübnerischen Beschreibung der Hauptstadt ausführlich angezeigt ist, und eine Porträtensammlung der meisten berühmten Mahler; ferner einen angenehmen Lustweiher mit verschiedenen kleinen Inselchen, einen Fasangarten, und ein kleines Jagdgehölze. Es ist auch hier eine Wirthstaferne. Man kommt dahin

dahin entweder durch das Nonnthal vor dem domkapitelſchen Weiherſchlöſschen vorbei, oder durch das neue oder Sigismundthor, am Ofenlochberge, an dem Loeſiſchen Eiſenhammerwerke, und Drathzuge vorbei durch eine ſchöne gerade Lindenallee. Man kann den ganzen Luſtweiher der Leopoldskrone umfahren oder umgehen; dann die Rückreiſe durch den Durchſchlag eines dazu gehörigen kleinen Wäldchens über den breiten Moosweg zwiſchen einigen ſchönen Landgebäuden nehmen. Man kommt hier nahe an der hochfürſtl. Ziegelbrennerei, den für den Durchmarſch fremder Truppen beſtimmten hölzernen Baraken, und dem niedlichen Graf - Wolfeckiſchen engliſchen Garten vorbei.

c) *Cleſsheim*, 3/4 Stunden von der Hauptſtadt, ein hochf. Jagdſchloſs nebſt einem engliſchen, Faſan - und Küchengarten, einem Treibhauſe, und einer ſchönen Baumſchule. Rückwärts iſt ein Jagdpark von groſsem Umfange.

C   Man

Man kommt dahin durch das Klaufenthor; auch kann man mittelft eines angenehmen Umweges durch das neue Thor dahin gelangen. Eine breite Strafse, welche zum Theile die Poft- und Landftrafse nach Reichenhall, und ins Tirol ift, führt durch das kleine Dorf Maxglan, und fcheidet fich über der Glaner Brücke von dem eigenen Fürftenwege, welcher rechts über eine kleine Anhöhe nach Clefsheim führt. Bei dem hochf. Hofgärtner kann man Wein und Bier oder andere Erfrifchungen haben. Auf dem Rückwege kann man das prächtig erbaute *Johannes - Spital* in der Vorftadt *Müllen* befehen.

d) *Aigen* 3/4 Stunden von der Hauptftadt, ein gräfl. Lodronifches Luftfchlofs mit der fchönen Anlage eines englifchen Gartens, und verfchiedenen niedlichen Gebäudchen. Man kommt dahin durch das *Stein-Thor* und die Vorftadt Stein; fährt dann am Baron-Rehlingifchen Gute *Elfenheim* vorbei, und

fchlägt

schlägt übrigens den geraden Weg nach
ebengenanntem Schloſse ein, das ſich am
Fuſse des Geisberges ſchon aus der Ferne
zeigt. Hier iſt auch eine Schenke. Ueberhaupt iſt dieſer Ort von denjenigen, welche
frappante Naturſcenen, und ſchöne entzü-
ckende Anſichten lieben, immer ſehr be-
ſucht, und verdient es auch. Ein der Gegend kündiger Geleitsmann wird den Freund
dieſer ländlichen Freuden auf Standpuncte
führen, die ihn ganz bezaubern müſſen.

e) *Luſtſchloſs Neuhaus in der Gnigl*, 3/4
Stunden von der Hauptſtadt, ein gräflich-
Lodroniſches Sommergebäude, mit einer
engliſchen Gartenanlage, die eben im beſſten
Aufblühen ſich befindet, und wovon Seine
Excellenz Hr. Hofmarſchall Graf von Lodron, deſſen Beſitzer, eine ſehr ſchöne Zeich-
nung in Kupfer haben ſtechen laſſen. Nahe
daran iſt ein Wirthshaus, das in das Dorf *Gnigl*
gehört. Man kommt dahin durch das Linzer Thor auf der Hauptſtraſſe nach Oeſterreich,

reich, die man aber nach einer Weile verläfst, um eine eigene kleine Straffe nach der oberen Gnigl zu verfolgen. Man erblickt auf dem Hinwege ein auf einem ganz bewachfenen angenehmen Hügel erbautes hochfürftl. Schlöfschen, *Neuhaus* genannt, das eben gedachter Hr. Graf Franz von Lodron gegenwärtig in Pacht befitzt, und eine hochf. Meierei unweit von der Kirche, worin fchönes Schweitzer Rindvieh fich befindet.

f) Der *Marmorfteinbruch* am Untersberge, nebft einer Steinfäge, und einigen *Schuffermühlen*. Man kommt dahin auf der Straffe nach *Gredig*, die man auserhalb eines kleinen Forftes verläfst. Ein Seitenweg führt dann am hochf. Schlofse *Glaneck* vorbei an den Fufs des Untersberges, an dem ein eigener Weg aufwärts führt.

g) Die einem Bauer zu *Käferham* gehörige *Drathzieherei* unweit *Wals* zur Seite der
Straffe

Straße nach *Reichenhall*, 1 1/2 Stunden von
der Hauptstadt.

2) **Sehenswürdigkeiten in gröſseren
Entfernungen von der Hauptſtadt von 1, und 2 Tagreiſen.**

a) *Hallein*, eine Salzburgiſche Stadt, 3
Stunden oder eine kleine Poſtſtation von der
Hauptſtadt entfernt. Man kommt dahin aus
dem Cajetaner-Thore entweder auf der Hellebrunner Straſse, oder durch die Vorſtadt Nonnthal auf der eigentlichen Land- und Poſtſtraſse
dicht hinter Hellebrunn, durch die Dörfer
Anif, und *Niederalm*, an dem hochfürſtl.
Bräuhauſe *Kaltenhauſen* vorbei, nachdem man
eine halbe Stunde vorher das hochfürſtliche
Jagdſchloſs *Rif*, das der Hauptſtraſse zur linken hinter einer langen Mauer, der ſogenannten *Riferer* Mauer, in einer Vertiefung unweit
von der Salza liegt, vorbeigefahren iſt. Man
kann hier in mehreren Gaſthöfen abſteigen,
worunter die beſuchteſten auf der Poſt, bei
dem Bürgermeiſter und Weinwirthe Forthuber,

ber, zum goldenen Lamme etc. sind, wo man überall gute Bedienung antreffen wird.

Hier ist zu sehen 1) das hochfürstliche *Salzsudwesen* nebst allen dazu gehörigen Pfannhäusern, Zimmereien, Sägewerken, dem grossen Holzrechen u. a. m. 2) das hochfürstl. Salzbergwerk auf dem Dürrenberge, 3) eine Klufenfabrik in der Stadt u. dgl., worüber man in der *Beschreibung der Hauptstadt Salzburg* I. B. das Mehrere nachlesen kann.

Man kann Abends die Rückreise auf der nähmlichen Strasse zurücknehmen, oder über die Fleischbrücke der Stadt nach *Oberalm*, wo eine sehenswürdige hochf. *Messingfabrik* und eine Säge für Salzfässer-Böden und Dauben, eine halbe Stunde von *Hallein*, sich befindet, dann über *Buchheim* an den Schlössern *Urstein* und *Goldenstein*, am Stanzinger Wirthshause vorbei, in die Vorstadt *Stein* und die Hauptstadt zurückkehren. Letzterer Weg ist freilich etwas rauher, und unbequemer; hat aber das Ver-

Verdienft einer angenehmen Abwechfelung, um
die Gegend auch von diefer Seite zu befehen.

Von *Hallein* hat man eine Stunde zu dem
Adnether Marmorbruche, und von dem 3
Stunden entfernten Salzburgifchen Markte
Golling 3/4 Stunde nach *Mofeck*, wo ein fehr
beträchtlicher *Gypsbruch* betrieben wird.

b) *Laufen*, eine Salzburgifche Stadt, 4
Stunden von der Hauptftadt. Man kann dahin
in weniger als zwei Stunden auf der Salza
kommen, wozu beinahe immer Gelegenheit
zu haben ift. Ueber Lande führt eine Haupt-
und Poftftraffe durch das Klaufenthor, und
die Vorftadt *Müllen*, über *Liefering*, *Saal-
dorf*, *Salzburghofen*, *Sur* etc. dahin. Man
hat die Salza immer zur rechten Seite; fie
fliefst in einer bald geringeren, bald gröfseren
Vertiefung durch eine Menge Krümmungen,
zwifchen fandichten Eilanden, und mit Erlen
bewachfenen Auen dahin. Eine halbe Stunde
aufserhalb Laufen erblickt man im Vorbeifah-
ren,

ren, in einem Thale, das zunächst an die Salza gränzt, das alte Schloſs *Triebenbach* des Hrn. Landſchaftkanzlers Joach. von *Schidenhofen*.

Zu *Laufen* ſelbſt iſt (die hochfürſtliche Sommerreſidenz des Landesfürſten, ein einfaches, aber inwendig geſchmackvoll hergerichtetes Gebäude ausgenommen) nichts Merkwürdiges. Man hat hier einige gute Gaſthöfe, z. B. bei Hrn. *Reitmair*, itzt *Hoffmann*, auf der *Poſt*, u. ſ. w.

Von hier kann man in einer kleinen Stunde nach dem jenſeits der Salza nordöſtlich gelegenen hochfürſtlichen *Jagdſchloſſe Weitwerth* kommen, wobei ſich 3 groſse Pferdeſtälle für ein anſehnliches Geſtütte, eine beträchtliche Meierei, ein Jägerhaus, ein Faſan- und Hirſchpark, und viele Durchſchläge befinden.

Wer Luſt hat Klöſter zu bereiſen, kann auch das 2 u. 3/4 Stunden entfernte Benedictiner-Kloſter *Michaelbeuern* beſuchen.

An

*An Laufen vorbei führt die Hauptstraße
nach Tittmoning, einer 4 Stunden
davon entlegenen Salzburgischen Stadt,
wo ein altes, unansehnliches hochfürstliches
Schloss sich befindet; von da in 4 Stunden
nach der baierischen Regierungsstadt Burg-
hausen, und endlich in 5 u. 1/2 Stunden
in die Salzburgische, ganz von Baiern ein-
geschlossene Stadt Mühldorf.*

c) *Reichenhall*, eine baierische Gränzstadt, 3
Stunden von Salzburg. Man fährt dahin durch
das neue Thor und in einem kleinen Umwege nach
der Tiroler Hauptstrasse, oder geradezu aus dem
Klausenthore durch die Vorstadt Müllen, am
St. Johannesspitale vorbei auf der ebengedach-
ten Land- und Poststrasse. Daselbst sind das
baierische Salzsudwesen, ein Gradirhaus, und
verschiedene Sägen und Hammerwerke zu sehen. Man fährt dahin dicht an dem baierischen Stifte *St. Zeno* der regulirten Chorherren vorbei.

d) *Tei-*

d) *Teisendorf*, ein Salzb. Markt, 4 Stunden von der Hauptstadt, an der Strasse, welche nach der 3 Stunden davon entfernten baierischen Gränzstadt *Traunstein* führt, wo ebenfalls ein baierisches Salzsudwesen mit vielen schönen und nützlichen Gebäuden zu sehen ist. In dem Markte *Teisendorf* selbst ist ausser dem hochfürstl. *Bräuhause* zwar nichts Merkwürdiges: allein man pflegt von da aus das Stift der regulirten Chorherren zu *Högelwerth*, eine kleine Stunde davon, oder, wenn man in bloss für die Zeitlichkeit berechneten Geschäften reiset, die gesammten *Eisenberg-Schmelz-* und *Hammerwerke* der *Hammerauischen adelichen Eisengewerkschaft* zu besuchen. Die *Berggruben* sind bei *Neukirchen*, einem Dorfe dieses Pfleggerichtes. Im *Achthale*, 1 Stunde von Teisendorf, 5 von Salzburg, ist der erste hierzu gehörige Hochofen, und zu *Röhrnbach* unweit *Högelwerth* der zweite. Das Hammerwerk ist in der *Hammerau*, 2 Stunden von der Hauptstadt, und man kann dahin

dahin über *Siezenheim* kommen, ohne die Teisendorfer Straſſe befahren zu müſſen.

Eine halbe Stunde von dem Markte hinter dem zerfallenen Schloſſe *Raſchenberg* ist ein *Privat-Hammerwerk*.

e) *Schellenberg*, und *Berchtesgaden*, beides kleine, unbedeutende Flecken, dem Fürſtpropſte von Berchtesgaden gehörig, erſterer 3, letzterer 5 Stunden von Salzburg entfernt. Man kommt dahin aus der Vorſtadt Nonnthal, auf einem Seitenwege, der an dem Hochgerichte vorbei, durch ein angenehmes Wäldchen, das Salzburgiſche Dorf *Gredig*, wo ſich der *Eiſenhammer* des Hrn. Fr. Gſchwendtner, und einige Schuſſermühlen befinden, und den Salzburgiſchen Paſs *am hängenden Stein* dahin führt. Zu *Schellenberg* iſt eine fürſtl. *Salzpfanne*, und zu *Berchtesgaden* 1) eine kleine halbe Stunde von dem Flecken das fürſtliche *Salzbergwerk*, 2) eine Salzpfanne, und 3) in einer

einer Entfernung von 1 1/2 Stunden der *Bartholomäus-See* zu besuchen.

f) *Henndorf*, ein Salzburgisches Dorf 3 Stunden von der Hauptstadt. Man kommt dahin auf der Hauptstraße nach Oesterreich aus dem Linzer Thore. Hier ist ein hochfürstliches *Bräuhaus* zu sehen, und eine römische Meilensäule dicht an der Straße.

g) *Thalgau*, ein Salzburgisches Dorf, 4 1/2 Stunden von der Hauptstadt, gegen den österreichischen Ort *Mondsee*, von der Straße nach Oesterreich seitwärts gegen Osten gelegen. Hier ist eine *Sensenschmiede*, dem Hrn. von Robinig zu Salzburg gehörig, ein Eisenhammer des Hrn. Fr. Xav. *Poschinger* von Neumarkt, und eine Privat-Eisendrathzieherei, eine halbe Stunde von dem Dorfe entfernt. Hier werden auch Schindeln und andere Holzschnittwaaren in Menge verfertiget.

h) *Ebe-*

h) *Ebenau*, eine hochfürstliche *Meſſingfabrik*, 3 Stunden von der Hauptſtadt. Man kommt dahin aus dem Linzer Thore auf einer eigenen Seitenſtraſſe, welche durch die obere *Gnigl* über den Berg hinauf nach Oberöſterreich und Steiermark führt. Man kann auch von *Thalgau* dahin kommen, in welches Pfleggericht ſie gehört.

i) *Mattſee* ein Salzburgiſches Dorf, an der Gränze gegen Oeſterreich, 5 Stunden von der Hauptſtadt. Man kommt dahin aus dem Mirabellthore auf der ſogenannten Straſſe nach dem Wallfahrtsorte Plain, über *Bergham*, an der *Papiermühle* oberhalb Längfelden, und dem 2 1/2 Stunden von der Hauptſtadt entlegenen Baron-Rehlingiſchen Bräuhauſe zu *Urſprung* vorbei. Hier iſt auſſer dem Collegiatſtifte zu Mattſee, dem hochf. Schloſſe Mattſee, und einigen *Seen* nichts Merkwürdiges.

k) St. *Gilgen*, ein Salzburgiſches Dorf mit einem Pfleggerichte, 7 Stunden von der Haupt-

Hauptftadt. Man kommt dahin aus dem Linzer Thore, auf der Straffe nach Steiermark, durch die obere Gnigl. Hier ift auſser dem *Aberſee* und der Wallfahrt zum h. *Wolfgang* nichts Merkwürdiges zu ſehen. Allein man kann von da aus das eine Viertelſtunde davon entlegene *Bräuhaus* zu *Lueg* des Hrn. von *Schnedizeni*, ein Par *Glashütten*, und die hochfürſtl. *Sägemühle*, wo groſse und kleine Rundböden, Dauben, und Spangen zu dem Salzwerke nach Hallein verfertiget werden, am *Zinkenbach* beſehen.

Der Wegweiſer

b) *durch das Gebirgland.*

Man kann das *Salzburgiſche Gebirgland* von der Hauptſtadt aus auf drei verſchiedenen Straſsen bereiſen, je nachdem man entweder unmittelbar in das *Pinzgau*, oder durch das *Pangau* in das *Lungau*, oder durch einen anderen Theil des *Pangaues* in das Pinzgau; end-

endlich durch Tirol in das *Zillerthal* zu kommen verlangt. Wir beschreiben alle diese *dreierlei Reisen* nebst ihren Excursionen, und jeder mag die wählen, welche seinen Absichten am Nächsten entspricht.

1) Reise durch das Pangau in das Lungau.

Man tritt dahin die Reise über *Hallein*, *Kuchl* und *Golling* an. Von *Golling* seitwärts kann man das Salzburgische Pfleggericht, und Thal *Abbtenau*, 4 Stunden davon, besuchen, wo aber ausser dem Oertlichen nichts Merkwürdiges zu sehen ist. Eine Stunde von *Golling* ist eine schöne, gesperrte hochfürstliche Jagdbarkeit, in der *Bluntau* genannt. Fährt man von *Golling* weiter, so tritt man durch den 1 Stunde davon entfernten *Paß Lueg*, der wegen seiner Lage, und des in einer tiefen Felsenkluft durchrauschenden, eingeklemmten Salzastrohmes sehenswürdig ist, in das eigentliche Gebirge, und zwar in das *Pangau* ein. Nach einer Reise von 3 u. 1/2 Stunden kommt

kommt man zu einem hochfürstlichen *Eisenschmelzwerke*, das mit einem Hammerwerke versehen ist. Die Eisensteingruben sind 1 u. 1/2 Stunden von *Werfen* am *Höllberge*, und *Windingsberge*. Von der Hauptstrasse führt auch unferne davon ein Seitenweg nach dem hochfürstlichen Jagdschlosse *Blühnbach*, wobei sich eine schöne Gestüttalpe befindet.

Zu *Werfen* ist 1) die Festung *Hohen-Werfen* 2) eine Papiermühle 3) eine Kupferoder Kaltschmiede 4) eine Pulvermühle und 5) ein Eisenhammer zu sehen. Von Werfen führt die Hauptstrasse nach einem Wege von 3 Stunden nach *Hüttau*, und dann von da in einer gleichen Entfernung nach *Radstadt*, einer Salzburgischen Stadt.

In dieser Stadt ist eben nichts Merkwürdiges. Allein man kann von da, durch das 1 Stunde davon entlegene Dorf *Altenmarkt*, nach dem von letzterem Orte ebenfalls 1 Stunde entfernten hochfürstl. *Eisenhammerwerke* zu
Flachau

Flachau kommen, das aus einem Hochofen und 2 Hammerwerken besteht.

Von *Radstadt* aus kommt man über den sehr merkwürdigen *Radstadter Tauern*, und dann nach einer Reise von 7 u. 1/2 Stunden nach *Tweng*, dem ersten *Lungauischen* Dorfe.

Von hier führt die gerade Strasse nach 2 Stunden durch den Domcapitelischen Markt *Mauterndorf*. Hier ist ausser einem alten Schlosse, und dem Factor-Hafnerischen *Speickverlage*, bei dem Kaufmanne Klammer, nichts Merkwürdiges zu sehen. Die Hauptstrasse theilt sich hier in zwei Aeste, wovon einer durch das Michaeler Thal nach dem Lungauer Markte *St. Michael*, und der andere nach dem dritten Lungauer Markte *Tamsweg* führt. Da es demjenigen, welcher das ganze *Lungau* bereisen will, gleichgültig sein kann, was für einen dieser beiden Märkte er zuerst besucht, besonders, da er von einem zu dem anderen durch eine nur 3 Stunden lange Seitenstrasse

D   kommen

kommen kann, so besuchen wir zu erst auf der sogenannten Triester Commercial- und Poststraße den von *Mauterndorf* 2 u. 1/2 Stunden entfernten

Markt *St. Michael*. Von hier aus kann man folgende kleine Streifereien machen. 1) Nach *Schellgaden* im *Muhrwinkelgebirge*, am Gestade der Muhr. Hier ist ein hochfürstl. *Gold- und Silberbergwerk*, aus einem Poch- und Waschwerke bestehend nebst einer Schmelzhütte, einer Schmiede, und Sägmühle. 2 Stunden von diesem Orte, also 4 Stunden von St. Michael, liegen die hierzu gehörigen Berggebäude des Goldberges *Gangthal*, und eine Stunde davon des zweiten minder hohen Goldberges *Birkeck*, welche letztere aber vor einigen Jahren aufgelassen worden sind. 2) Nach *Roggilden*, über *Schellgaden*, wovon es starke 2 Stunden entfernt ist. Hier ist ein *Arsenikbergwerk*, welches dem Hrn. Sigismund von *Robinig* zu Salzburg gehört. 3) Nach *Bundschuh*, 3 Stunden von St. Michael. Hier befindet sich
ein

ein hochf. *Eisenschmelzwerk*. Eine Meile davon in dem nämlichen Thale, das *Bundschuhthal* genannt, sind die *Eisensteingruben*. 4) Auf den *Katzberger* Tauern, welcher nur 1 Stunde von *St. Michael* entfernt ist, und worüber die Strasse nach Kärnthen, und in die 6 Stunden davon entlegene gräfl. Lodronische Stadt *Gemünd* führt.

Von dem Markte *St. Michael* führt, wie gesagt, eine Seitenstrasse, an dem 1 u. 1/2 Stunde davon entfernten *Schlosse Mossheim* vorbei, nach einer Reise von 3 Stunden in den dritten Lungauer

Markt *Tamsweg*. Von hier aus kann man folgende Streifereien machen, 1) nach *St. Andre*, 1/2 Stunde von Tamsweg. Hier ist ein hochf. *Eisenhammerwerk*, welches Herr Gottfried *Poschinger* im J. 1789 von der Hofkammer in Pachtung übernommen hat; 2) nach *Ramingstein*, 2 Stunden von Tamsweg. Hier ist ein *Silber - und Bleibergwerk*, welches die

hochf.

hochf. Hofkammer im J. 1791 dem Pächter des Hammerwerkes zu St. Andre, Hrn. Gottfried *Poschinger* zu Erbrecht verliehen hat. Dieser hat bereits die im J. 1778 aufgelassenen Bergbaue zu *Altenberg* und *Dürrenrain* wieder in Betrieb gesetzt, und gedenkt noch einen dritten, *Glückbau* genannt, von Neuem zu bauen. 3) von *Ramingstein* nach *Kendelbruck*, 3 Stunden von Tamsweg. Hier ist ein hochf. *Eisenbergwerk* an der Gränze von Steiermark. Die Eisensteingruben sind in der *Hinteralpe* am Ende des Mühlbachthales, über 3 Stunden von dem Schmelzwerke zu Kendelbruck entfernt; 4) nach *Weisbriach zur Zinkwand*, an der Steiermärkischen Gränze gegen *Schladming*, 3 Stunden von Tamsweg. Hier ist ein *Kobaltbergwerk*, der sogenannten Wiener Kobaltgewerkschaft verliehen, welche auch die übrigen Kobaltbergwerke des Erzstiftes, nämlich in der *Leogang* im Pinzgau, und zu *Fügen* im *Zillerthale* betreibt.

Von Tamsweg geht nun der Weg wieder über *Mauterndorf*, *Tweng* und den *Radstadter Tauern* nach *Radstadt* zurück. Von hier aus kann man zwar die kleinen Landgerichte, *Wagrain*, 3 Stunden, und *Kleinarl* 4 u. 1/2 Stunden von Radstadt entfernt, besuchen. Allein hier sind keine besonderen Merkwürdigkeiten anzutreffen.

Von Radstadt führt zwar ein Weg über *Wagrain*, und *Kleinarl* nach *Grosarl*, welches 9 Stunden entfernt ist. Allein man kann dahin nur im Sommer über das Gebirge gelangen. Man wählet also lieber die Straße von *St. Johann* dahin, wie nachher angegeben wird. Um ordentlicher zu verfahren ist es besser, die Reise nach *Werfen* zurück zu nehmen, und von dort aus den Stab weiter zu setzen.

2) Reise

2) Reise durch das Pongau nach Gastein.

a) Von *Werfen* führt die Straſſe nach *Biſchofshofen* (2 Stunden von *Werfen*) und *St. Johann* (2 Stunden von *Biſchofshofen*.)

Zu *St. Johann* kann man Halt machen, und folgende Streifereien unternehmen: 1) nach *Goldeck*, 2 Stunden 2) nach *St. Veit* 1 und 1/2 Stunden, 3) nach Wagrain 2 Stunden, 4) nach Kleinarl über Wagrain 3 u. 1/2 Stunden von St. Johann entfernt. Allein alle dieſe 4 Streifereien geben auſser dem Oertlichen keinen Gewinn für den Beobachter, welcher ſein Augenmerk auf öffentliche, ſtaatswirthſchaftliche Werke richtet. Belehrender iſt die Reiſe 5) nach *Groſsarl*, einem 6 Stunden davon entfernten Nebenthale, das ſich 4 Meilen weit bis an die Kette des hohen Tauerngebirges dahin zieht. Zu *Hüttſchlag*, eine Meile von *Groſsarl*, iſt eine beträchtliche hochf. *Kupferſchmelzhütte* nebſt mehreren Schwefelöfen. Die Erze kommen dahin aus 7 Berggebäuden, welche

welche alle im Großarler Thale sich befinden,
und mehr oder weniger von *Hüttschlag* entfernt sind, nämlich *Schwarzwand* mit 3 Stollen, 1 u. 1/2 Stunden von Hüttschlag, *Kardeis*, 1/2 Stunden von Hüttschlag, mit 3 Stollen, *Krerberg* 1/2 Stunde von Kardeis mit 4
Stollen, *Tofern*, 2 Stunden von Hüttschlag mit
3 Stollen, *Schappach-Alpe*, ein neuer Suchbau,
der Schwarzwand gegenüber, *Oslegg* 1 Stunde
von Hüttschlag mit 2 Stollen, und *Harbach-
berg* ein *Neuschurf* gerade zwischen *Hüttschlag* und dem Dorfe *Großarl*.

b) Von *St. Johann* nach *Schwarzach* 1 und
1/2 Stunden (hier ist ein Benedictiner - Mis-
sionshaus); von Schwarzach nach *Lend* 2 Stunden. Zu *Lend* ist ein hochf. *Gold*- und *Silber-
schmelzwerk* mit sehr vielen Werkgebäuden,
und einem Holzrechen.

Ehe man weiter nach *Gastein* reiset, kann
man von hier aus folgende *Streifereien* unternehmen: 1) nach *Schwarzenbach* 1 u. 3/4
Stun-

Stunden entfernt. Hier ist ein hochf. *Eisenhammerwerk.* 2) nach *Dienten* 3 Stunden entfernt. Hier ist ein hochf. *Eisenschmelz-* und *Gusswerk* nebst einer an einen Privaten verpachteten *Nagelschmiede.* Die *Eisensteingruben* sind gegenwärtig sehr nahe an diesem Werke. 3) nach *Embach,* 2 Stunden entfernt. In der Nähe und unterhalb dieses Dorfes ist ein vor anderthalb Jahren entstandener beträchtlicher *Erdfall* sehenswürdig, welcher den Lauf der Salza gehemmt hat. 4) nach *Goldeck* 1 und 1/4 Stunden entfernt. 5) nach *Rauris* 2 u. 1/2 Stunden entfernt, und von da nach dem in diesem Thale befindlichen, 6 Stunden von Lend entlegenen hochf. *Goldbergwerke,* und am Fusse desselben zu dessen *Wasch-* und *Pochwerke* zu *Kolben.*

c) Von *Lend* nach *Hof in Gastein* 4 Stunden; von *Hof* bis *Wildbad im Gastein* 2 Stunden. Hier sind folgende Merkwürdigkeiten:

1) Das

1) Das berühmte Wildbad, 2) *Böckstein* 1 Stunde vom Wildbade, wo sich ein hochf. *Poch-* und *Waschwerk* befindet. 3) Der *Rathhausberg*, 3 Stunden vom Wildbade. Hier ist ein hochf. *Gold-* und *Silberbergwerk*. 4) Das *Nassfeld* über Böckstein 3 Stunden vom Wildbade. Hier sind die schönsten Alpen zu sehen.

Von hier aus kann man auch zu dem 4 u. 1/2 Stunden entferntem hochfürstl. Kupferbergwerke im Grossarler Thale, doch nur übers Gebirge, kommen.

2) Reise durch das Pangau nach Pinzgau.

a) Von *Lend* bis *Taxenbach* 2 Stunden, von *Taxenbach* bis *Bruck* 2 Stunden, von *Bruck* bis *Fischorn* 1 und 1/2, von *Piesendorf* bis *Mittersill* im Oberpinzgau 4 Stunden.

Von *Mittersill* aus kann man folgende Streifereien machen.

1) Nach

1) Nach *Mühlbach*, 1 und 1/2 Stunden entfernt. Hier ist ein hochf. *Kupfer- und Vitriolwerk*. Die Vitriolhütte ist in der *Kronau* jenseits der Salza am Fusse des Brennthaler Gebirges; und hat bei sich ein kleines Poch- und Waschwerk. 3) Nach *Untersulzbach*, 2 Stunden entfernt. Hier ist ebenfalls ein hochf. *Kupferbergwerk*, nebst einem Poch- und Waschwerke. 3) Nach *Rettenbach* 3/4 Stunde entfernt. Hier ist ein *Kupfer-Vitriol-und Schwefelbergwerk*, welches Hr. Fr. Ant. *Reisigl* bauet. 4) Nach *Gamseck*, 4 Stunden entfernt. Hier ist ein *Silbererz-Neuschurf*, welcher erst seit 1795 von 7 inländischen Gewerken betrieben wird. 5) Nach dem Wildbade *Burgwiese*, zwischen *Stuhlfelden* und *Mittersill*. 6) Ueber den Felber-Tauern nach *Windisch-Matrei*, 8 Stunden, und von dort in 3 Stunden nach *Tefferecken* (diese beiden erzstiftischen Ortschaften und Thäler sind vorzüglich ihrer örtlichen Lage, und besonderen Gebräuche wegen merkwürdig). 6) Von *Mittersill* in die *Kriml*

5 und 1/2 Stunden, und von von da an den
berühmten Wasserfall 1/2 Stunde.

*Man kann auch von Mitterſill auf einem
Wege von 4 Stunden bis Wald, von da
bis Gerlos in 4 Stunden, und von Gerlos nach Zell im Zillerthale in 3 u. 1/2
Stunden kommen. Allein dieſer Weg iſt
nur in Sommerszeiten, wenn kein Schnee
den engen Pfad verlegt, und nicht anders
als auf Sampferden, oder zu Fuſse zu bereiſen. Ferner kann man von Mitterſill über das 7 Stunden entlegene Dorf
Kirchberg im Brixenthale, und über die
ſogenannte Stange nach einer Reiſe von
9 und 1/2 Stunden Hopfgarten errei-
chen.*

b) Von Mitterſill über Pieſendorf zurück
kommt man in 6 Stunden nach Zell im
Pinzgau.

Hier ſind folgende Merkwürdigkeiten 1)
der Zeller See, 2) das hochfürſtl. Poch- und
Waſch-

Waschwerk zu *Thumersbach*, 3/4 Stunde entfernt, jenseits des Zeller Sees, 3) das hochf. *Goldbergwerk* im *Hirzbach*, 4 Stunden von *Zell*, nebst einem Poch - und Waschwerke, 4) das hochfürstl. *Kupferbergwerk* am *Limberg*, 1 und 1/2 Stunden von *Zell*, 5) das hochf. *Kupferbergwerk* zu *Klucken*, 2 Stunden von *Zell*.

c) Von *Zell* bis *Saalfelden*, 3 Stunden.

Von hier reiset man 1) nach *Leogang*, 3 Stunden davon, wo ein hochf. *Kupferbergwerk* sich befindet, 2) nach *Nöckel* über *Leogang*, 4 und 1/2 Stunden von *Saalfelden*, wo ein *Kobaltbergbau* von der sogenannten Wiener Kobaltgewerkschaft betrieben wird.

Man kann auch von hier nach Dienten *zu dem hochfürstl. Eisenhammer - und Gußwerke in 3 Stunden kommen, wenn man es auf der Reise hierher noch nicht besehen hat.*

d) Von

d) Von *Saalfelden* durch die Hohlwege bis *Lofer* 5 Stunden. Hier ift das Ende der Reife durch das erzftiftifche *Pinzgau*.

In dem Pfleggerichte *Lofer* ift aufser einigen Streifereien in die nahen Berchtesgadenfchen Gebirge, und nach dem Wallfahrtsorte Kirchenthal nichts Merkwürdiges. Im *Unkner* Thale kann man fich den Ort einer dafelbft befindlichen *Salzfohle* zeigen laffen.

4) Reife nach Hopfgarten und dem Zillerthale.

Beide Reifen pflegen über *Lofer* und durch *Tirol* dahin angetreten zu werden, weil wenige Jahrszeiten diefelben über die Gebirge geftatten. Von *Salzburg* nach *Hopfgarten* hat man auf diefem Wege 22 Stunden über *Kitzbühel* in *Tirol*, und nach *Zell* im *Zillerthale* über die Tirol. Stadt *Rattenberg* 35 Stunden zu reifen.

Im Pfleggerichte *Hopfgarten* oder *Ytter* ift *Kirchberg*, ein Dorf im Brixenthale, das von dem

dem Tirolischen Bergstädtchen *Kitzbühel* nur eine Stunde entfernt ist, und einem hochf. Kupferbergwerke den Nahmen leiht, das nur erst Hoffnung zu einer künftigen reichen Ausbeute gibt. Man kann in diesem Bezirke des Brixenthales mehrere alte, und wieder auf Hoffnung neu betriebene Bergbaue besuchen, wozu man im Orte *Kirchberg* selbst die benöthigte Anleitung erhalten kann. Das nahe *Spertenthal*, das Gebirge *Fossenkarr*, und die *Götsche* verdienen in dieser Hinsicht vorzüglich bereiset zu werden. Das k. k. Bergwerksdirectorium zu *Schwatz* steht bei diesen Bergbauen zum vierten Theile mit dem Erzstifte in Gesellschaft.

Der *Naturforscher* sowohl als der *Bergmann* wird das *Zillerthal* nicht minder schön, und seine Mühe belohnend finden. Eine kleine Viertelstunde vom Dorfe *Zell* liegt östlich der *Rohr*- und in gleicher Entfernung südlich der *Hainzenberg*, welche *Goldbergwerke* enthalten,

halten, die von Salzburg und Tirol gemein-
schaftlich gebauet werden.

Unweit *Fügen* bauet die sogenannte Wiener *Kobaltgewerkschaft* ein Kobaltbergwerk.

* * *

Auf diese Weise wäre nun das ganze Erzstift in seinen verschiedenen Abtheilungen bereiset. Die Erzstiftische Stadt *Mülldorf* in *Baiern*, und das unmittelbare Pfleggericht *Lengberg* im *Drauthale* sind nur noch übrig. Allein beide haben zu viel Mischung von den sie umgebenden Anwohnern, und zu wenig Eigenthümliches, als daß eine besondere Reise dahin, ausser in besonderen Geschäften, grossen Gewinn für den Beobachter bringen würde. Im *Lengberger* Pfleggerichte bauet ein Kärnthnerischer Gewerke auf *Antimonium*.

Verzeichniß
der Haupt- und Landstraßen durch das Erzstift.

1) Von Salzburg nach Baiern
a) über Teisendorf.

		Landstraße	Poststraße
Von	*bis*	St.	Post.
— Salzburg	— Teisendorf	4	—
— Teisendorf	— Traunstein	3	—

b) über Waging.

Von	*bis*	St.	Post.
— Salzburg	— Waging	6 1/2	2
— Waging	— Stein	3	1

c) über Tittmoning.

Von	*bis*	St.	Post.
— Salzburg	— Laufen	4	1 1/4
— Laufen	— Tittmoning	4	1
— Tittmoning	— Burghausen	4	1
— Burghausen	— Mülldorf	5 1/2	1 1/2

d) über Reichenhall.

Von	*bis*	St.	Post.
— Salzburg	— Reichenhall	3	1
— Reichenhall	— Traunstein	6	2

2) Von Salzburg nach Kärnthen.

Von	*bis*	St.	Post.
— Salzburg	— Hallein	3	1
— Hallein	— Kuchl	2	—

durch das Erzſtift.

		Landſtraſſe	Poſtſtraſſe
Von	*bis*	*St.*	*Poſt.*
— Kuchl	— Golling	1	1
— Golling	— Werfen	4	1 1/2
— Werfen	— Hüttau	3	—
— Hüttau	— Radſtadt	3	2
— Radſtadt	— Unt. Tauern	2	1
— Unt. Tauern	— Wieſeneck	3	—
— Wieſeneck	— Tweng	2 1/2	2
— Tweng	— Mauterndorf	2	—
— Mauterndorf	— ſt. Michael	2 1/2	1 1/2
— ſt. Michael	— auf den Katzberg	1	—
— Der Höhe auf dem Katzberg	— Gemünd	5	1 1/2

3) Von Salzburg nach Steiermark

a) *über ſt. Gilgen.*

Von	*bis*	*St.*	*Poſt.*
— Salzburg	— ſt. Gilgen	7	(keine:
— ſt. Gilgen	— Strobl	2	{ dieſen Weg
— Strobl	— Iſchl in Oberöſterreich	2	(fährt nur der Grätzer Bote.

b) *über Radſtadt.*

Von	*bis*	*St.*	*Poſt.*
— Salzburg	— Radſtadt	16	5 1/2
— Radſtadt	— Schladming	4	—

c) *über*

c) über Tamsweg.

Von	bis	Landstraße St.	Poststraße Post.
— Salzburg	— Mauterndorf	25 1/2	9
— Mauterndorf	— Tamsweg	2	—
— Tamsweg	— Muhrau	6	—

4) Von Salzburg nach Oesterreich.

Von	bis	St.	Post.
— Salzburg	— Henndorf	3	—
— Henndorf	— Neumarkt	1	1 1/2
— Neumarkt	— Strafswalchen	1	—
— Strafswalchen	— Frankenmarkt	3	1 1/2

5) Von Salzburg ins Innviertel.

Von	bis	St.	Post.
— Salzburg	— Neumarkt	4	1 1/2
— Neumarkt	— Strafswalchen	1	—
— Strafswalchen	— Mattigkofen	3	1 1/2

6) Von Salzburg nach Gastein.

Von	bis	St.	Post.
— Salzburg	— Werfen	10	3 1/2
— Werfen	— Bischofshofen	2	—
— Bischofshofen	— st. Johann	2	—
— st. Johann	— Schwarzach	1 1/2	—

durch das Erzstift.

		Landstraße	Poststraße
Von	bis	St.	Post.
— Schwarzach	— Lend	2	—
— Lend	— Hof in Gastein	4	—
— Hof	— Wildbad	2	—

7) Von Salzburg nach Pinzgau.

a) über Werfen.

Von	bis	St.	Post.
— Salzburg	— Lend	1 1/2	—
— Lend	— Taxenbach	2	—
— Taxenbach	— Bruck	2	—
— Bruck	— Fischorn	1 1/2	—
— Fischorn	— Piesendorf	3	—
— Piesendorf	— Mittersill	4	—
— Mittersill	— Kriml	5 1/2	—
— Kriml	— an den Wasserfall der Salza	1/2	—

NB. Und dann zurück bis Piesendorf.

Von	bis	St.	Post.
— Piesendorf	— Zell im P.	2	—
— Zell	— Saalfelden	3	—
— Saalfelden	— Lofer	5	—
— Lofer	— Reichenhall	7	—
— Reichenhall	— Salzburg	3	—

b) über Lofer.

Von	bis	St.	Post.
— Salzburg	— Reichenhall	3	1
— Reichenhall	— Lofer	7	2 1/4
— Lofer	— Saalfelden	5	—

Von

Von	bis	Landstraße St.	Poststraße Post.
— Saalfelden	— Zell im P.	3	—
— Zell	— Piesendorf	2	—
— Piesendorf	— Mitterfill	4	—
— Mitterfill	— an den Wasserfall der Kriml	6	—

NB. Und dann zurück bis Piesendorf.

Von	bis	St.	Post.
— Piesendorf	— Fischorn	3	—
— Fischorn	— Bruck	1 1/2	—
— Bruck	— Taxenbach	2	—
— Taxenbach	— Lend	2	—
— Lend	— Salzburg	17 1/2	—

8) Von Salzburg nach Hopfgarten.

Von	bis	St.	Post.
— Salzburg	— Lofer	10	3 1/4
— Lofer über *Waidering* und *Kitzbühel* durch das Tirol		12	

9) Von Salzburg nach dem Zillerthale.

a) über *Mitterfill*.

Von	bis	St.	Post.
— Salzburg	— Mitterfill	24	—
— Mitterfill	— Wald	4	—
— Wald	— Gerlos	4	—
— Gerlos	— Zell im Z.	3 1/2	—

NB. Von Zell im Zillerthale über Rattenberg nach Hopfgarten zählt man 12
Stunden.

b) *durch Tirol.*

		Landstraſſe	Poſtſtraſſe
Von	*bis*	*St.*	*Poſt.*
— Salzburg	— Lofer	10	3 1/4
— Lofer	— Rattenberg u. Zell	25	—

(Poſten zählt man bis Rattenberg 8.)

10) Nach Lengberg.

Man kommt dahin auf der Straſſe nach
Kärnthen über den *Katzberg*, und von deſſen
Höhe nach einer Strecke von ungefähr 12
Stunden.

Durch das Salzburgiſche Gebirge werden
die Poſten nur zu 3 Stunden gerechnet,
und für das Pferd nur 45 Kr. gezahlt. Sonſt
iſt die Station 4 Stunden, und die Bezah-
lung des Pferdes 1 Fl.

Ver-

Verzeichniß

der vorzüglichsten Sehenswürdigkeiten in und nahe an der Hauptstadt.

1) Domkirche, Festung Hohen-Salzburg, Freithof zu st. Sebastian, Gestütthof, Hofbrunnen, Hofstall, Johannes-Spital, Lederfabrik, Mirabell, Mönchberg, Münze, Neues oder Sigismundsthor, Reitschulen (beide), Residenz, Universitätskirche, und Universität.

2) Aigen, Clessheim, Drathzug in der Riethenburg, Eisenhämmer zu Gredig, und in der Riethenburg, Gnigl (Lodron. englischer Garten), Hellebrunn, Jagdschlösser und Gestütte zu Rif und Weitwerth, Leopoldskrone, Marmorbruch, Steinsäge, und Schussermühlen am Untersberge, Papiermühle zu Längenfeld, Plainberg (Wallfahrt), Pulvermühlen zu Glasbach, in der Gnigl, und zu Liefering, Torfstecherei.